Nicole Joiner & Dagmar Rücker

RUCKZUCK KREATIV

BAND 2

Mit Filz-Elch und Löwen-Maske

Schnelle Ideen für das Kita-Atelier
mit TIEREN

Ökotopia Verlag, Münster

IMPRESSUM

Autorinnen	Nicole Joiner – Dagmar Rücker
Lektorat	Uta Koßmagk
Fotos	Nicole Joiner – Dagmar Rücker; Klinken S. 3, 7, 9, 13, 17, 19, 21, 23, 25, 27: pixabay.com
Covergestaltung	PERCEPTO mediengestaltung
ISBN	978-3-86702-329-0

1. Auflage
© 2015 Ökotopia Verlag, Münster

Bleiben Sie in Kontakt

www.oekotopia-verlag.de

Ein weiterer Titel aus der Reihe
„Ruckzuck kreativ":
Mit Blätter-Zauber und Glitzer-Laterne
ISBN 978-3-86702-328-3

VORWORT

Das Leben mit Tieren ist für Kinder eine Selbstverständlichkeit. Ob nun der Vogel auf dem Baum, der Hund an der Leine, die Katze in der Nachbarschaft oder exotische Tiere im Zoo – Kinder lieben Tiere und sind von ihnen fasziniert. Das ist wahrscheinlich der Grund dafür, dass auf vielen Kinderbildern Tiere zum Leben erweckt werden.

In Band 2 unserer Ruckzuck kreativ-Reihe finden Sie eine Vielzahl von Ideen zum Thema „Tiere", die Sie im pädagogischen Alltag **mit Kindern im Alter zwischen 3 und 6 Jahren** leicht umsetzen können. Das dafür benötigte Material ist überschaubar und meistens in Ihrer Einrichtung vorhanden. Die Abbildungen erleichtern die Umsetzung und regen zum kreativen Gestalten an. Durch die Perforation und Vorlochung können Sie die einzelnen Seiten leicht heraustrennen und archivieren.

EIN STALL VOLLER HASEN

Hopp-hopp-hopp im Hasenschritt, hoppeln alle Kinder mit! Sogar die Hasenoma macht mit. Nur die schüchterne Hasen-Hanna und der stille Hasen-Henry müssen noch überredet werden.

Material: ◆ Anschauungsmaterial über Hasen ◆ altes Zeitungspapier ◆ Kreppklebeband ◆ Packpapier in verschiedenen Brauntönen ◆ Tapetenkleister ◆ Wackelaugen ◆ Pompons in verschiedenen Farben ◆ Filzstifte ◆ Holzstreu ◆ großer Pappkistendeckel ◆ Papierrestekiste

© Ökotopia Verlag I N. Joiner / D. Rücker I Ruckzuck kreativ, Band 2: Mit Filz-Elch und Löwen-Maske

Herstellung

- Aus einem Doppelzeitungsblatt eine feste Papierkugel formen.
- An einer Stelle aus der Papierkugel einen Hasenkopf abdrücken und diesen mit einem Stück Kreppklebeband abkleben. Eventuell noch lose Stellen mit weiterem Kreppklebeband fixieren.
- Das ausgewählte Packpapier in ca. 2-Euro-große Stücke reißen und diese auf dem Arbeitsplatz sammeln – so viele Schnipsel reißen, wie für das Fell eines Hasen benötigt werden.
- Die Schnipsel mit Tapetenkleister einstreichen und den Hasen damit kaschieren.
- Aus zwei einzelnen, in Tapetenkleister eingestrichenen Papierschnipseln die Ohren formen und am Kopf ankleben.
- Auf die getrockneten Hasen Wackelaugen und ein Pompon für Schnauze und Hasenschwanz kleben.
- Mit Filzstift ein Mäulchen in das Hasengesicht zeichnen.
- Den Pappkistendeckel mit Holzstreu auslegen und die Hasen hineinsetzen.

Variante: Da die Hasenschar sehr hungrig ist und gerne an etwas Frischem knabbert, mit passendem Papier aus der Restekiste verschiedene „Hasenleckereien", z.B. Möhren, Kohlrabi und Salat, herstellen und der Hasenschar in den Stall legen.

© Ökotopia Verlag I N. Joiner / D. Rücker I Ruckzuck kreativ, Band 2: Mit Filz-Elch und Löwen-Maske

LUSTIGE TIERDRUCKE

Eins, zwei, drei entstehen z.B. Pferde, Katzen, Hunde und Vögel und laden zum Druckexperiment ein. Aus kleinen Holzstücken werden sie zu einem Druckstock zusammengesetzt.

Material: Für den Druckstock: ◆ Wellpappestücke, etwas kleiner als DIN A4 ◆ Weißleim ◆ Spachtel ◆ Keilstücke aus Holz von Leinwänden ◆ Streichhölzer ohne Zündkopf
Zum Drucken: ◆ Malerabdeckfolie ◆ Zeitung ◆ saugfähiges Druckpapier, DIN A4 ◆ wasserlösliche Druckfarben ◆ pro Farbe eine Acrylglasplatte ◆ Gummiröllchen

Herstellung

- Aus den Keilstücken und Streichholzstiften gemeinsam probeweise ein Tierbild legen.
- Für jeden Druckstock auf einem Wellpappestück mit einem Spachtel Weißleim verteilen.
- In die feuchte Klebefläche die Keilstücke und Streichholzstifte zu einer Tiergestalt legen.
- Damit sich die Wellpappe beim Trocknen nicht wellt, die Rückseiten mit einem feuchten Schwamm befeuchten.
- Die Druckfarben auf die Acrylplatten geben und mit den Gummiröllchen verteilen.
- Die mit den Gummiröllchen aufgenommene Farbe mit abrollenden Bewegungen solange auf den Druckstock übertragen, bis alle Erhebungen eingefärbt sind.
- Auf den eingefärbten Druckstock ein Blatt Papier legen und die Farbe überall sanft abreiben.
- Das Blatt vorsichtig vom Druckstock lösen und den Abdruck zum Trocknen legen.
- Auf diese Weise mehrere Abdrücke mit unterschiedlichen Farben herstellen.

Hinweis: Beim Farbwechsel die Gummiröllchen auf einem Stück Zeitungspapier sauber rollen – erst am Ende der Aktion gründlich mit Wasser abspülen.

Jeder Abdruck ist immer wieder eine Überraschung!

© Ökotopia Verlag I N. Joiner / D. Rücker I Ruckzuck kreativ, Band 2: Mit Filz-Elch und Löwen-Maske

AFRIKA-ZOO

Im Afrika-Zoo brauchen alle Tiere ein speziell eingerichtetes Gehege. Einige Tiere können zusammenleben, andere müssen getrennt untergebracht werden, manche lieben Wasser, andere klettern lieber auf Felsen.

Material: Für die Tiere: ◆ Buch- und Anschauungsmaterial über afrikanische Tiere ◆ Knete in verschiedenen Farben ◆ Zahnstocher

Für den Zoo: ◆ großes Stück Wellpappe (Verpackungsabfall) ◆ Wachsmalkreide ◆ Acrylbinder ◆ Spachtel ◆ Flaschenkorken ◆ Steine, Äste ◆ Krepppapier in Blau, Braun, Grau, Grün, Schwarz ◆ Erde, Sand, Holzstreu, Heu, Blätter

Vorbereitung

Die Leitung betrachtet gemeinsam mit den Kindern Anschauungsmaterial über afrikanische Tiere. Sie besprechen, welche Tiere die Kinder gerne gestalten möchten und wie ihr Afrika-Zoo aussehen soll.

Herstellung

- Ein afrikanisches Tier aussuchen und mit Knete modellieren: z.B. Löwen, Elefanten, Giraffen, Affen, Nilpferde, Zebras, Leoparden, Gnus, Antilopen, Stachelschweine, Krokodile.
- Hörner oder Stacheln mit Zahnstochern gestalten.
- Das große Wellpappstück z.B. mit Flaschenkorken, Steinen oder Ästen in einzelne Gehege aufteilen.
- Mit dem Spachtel Acrylbinder auf die geplanten Wasser- und Felsenflächen verteilen.
- Einzelne Krepppapierstücke in den entsprechenden Farben in die Flächen kleben, z.B. Blau für Wasser, Grau und Schwarz für Felsen usw.
- Die restlichen Gehegeflächen ebenfalls mit einer Schicht Acrylbinder ausspachteln.
- In diese nasse Masse Erde, Sand oder Holzstreu streuen.
- Mit Heu und Blättern die Gehege ausgestalten und die Knettiere in ihren Afrika-Zoo einziehen lassen.

*Seht, wie die Giraffe trinkt, der Löwe im Gebüsch lauert
und das Krokodil in der Sonne döst!*

© Ökotopia Verlag I N. Joiner / D. Rücker I Ruckzuck kreativ, Band 2: Mit Filz-Elch und Löwen-Maske

SPINNE IM NETZ

Während Erwachsene sich häufig vor Spinnen ekeln, gehen Kinder meist unbefangener mit diesen Krabbeltieren um. Es ist für sie sehr interessant zu beobachten, wie sich eine Spinne ihr Netz spinnt und sich darin ihre Beute fängt.

Material: ◆ Bilderbuch von Eric Carle „Die kleine Spinne spinnt und schweigt" ◆ Pappe in Weiß, DIN A3 ◆ Wollreste ◆ Pfeifenputzer ◆ Scheren ◆ Wackelaugen ◆ Flüssigkleber

Vorbereitung

Gemeinsam mit der Spielleitung gehen die Kinder draußen in der Natur auf Spinnensuche. Wer entdeckt eine Spinne in ihrem Netz?
Zurück in der Einrichtung schauen sie gemeinsam das Bilderbuch „Die kleine Spinne spinnt und schweigt" an.

Herstellung

- Ein Wollknäuel aussuchen. Damit ein farbiges Stück Tonkarton umwickeln, sodass ein Spinnennetz entsteht.
- Acht Pfeifenputzerstücke für die Spinnenbeine zuschneiden.
- Aus einem weiteren, kleinen Wollknäuel den Spinnenkörper gestalten. Die Spinnenbeine ringsum in den Spinnenkörper kleben.
- Zwei Wackelaugen aufkleben.

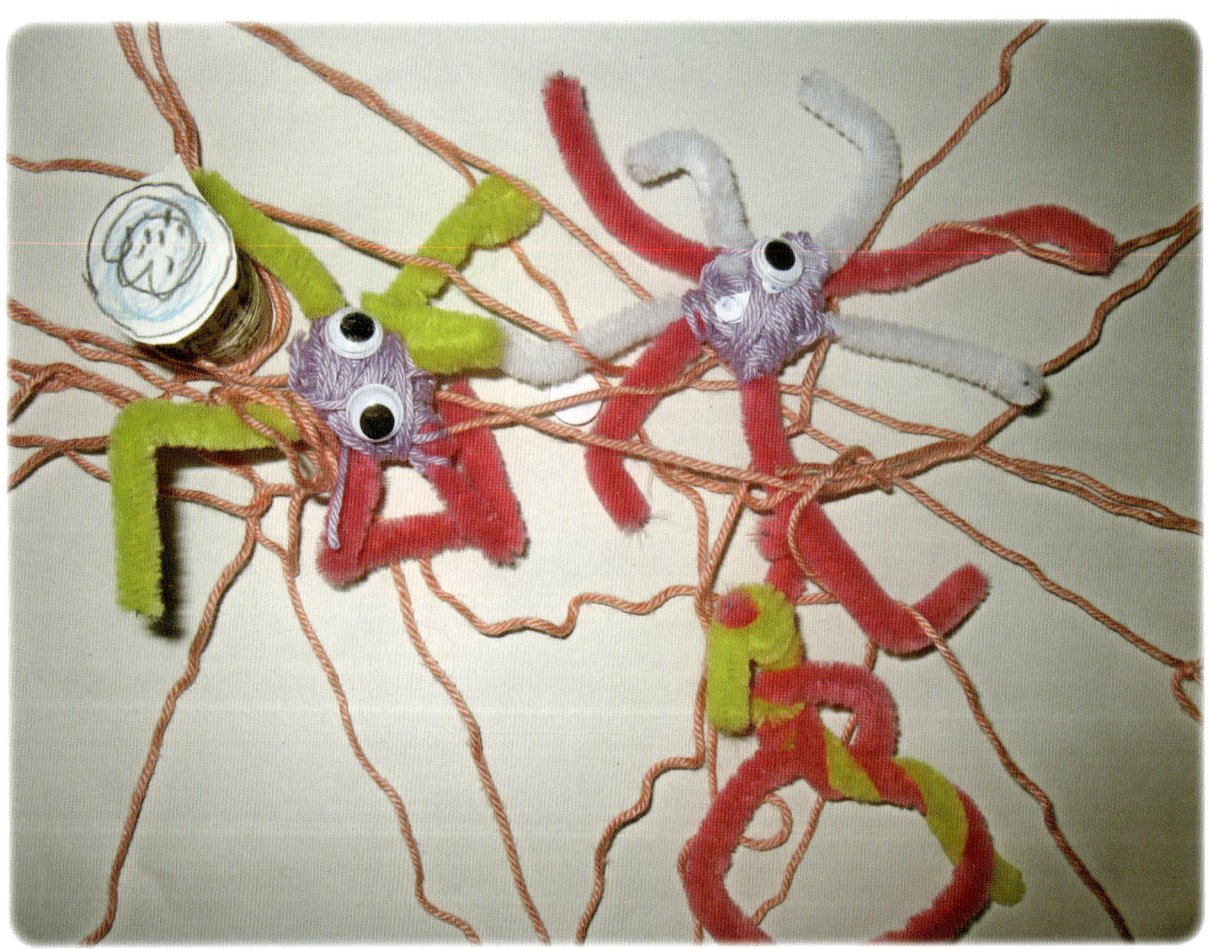

Hier spinnt deine Spinne ganz, ganz leise
ein Netz auf ihre eigne Weise.

© Ökotopia Verlag I N. Joiner / D. Rücker I Ruckzuck kreativ, Band 2: Mit Filz-Elch und Löwen-Maske

TIERMASKEN

Ob als witziger Affe, als fauchender Löwe oder als fantastischer Paradiesvogel, mit einer Tiermaske ist man bei der nächsten Dschungel-Party jederzeit willkommen.

Material: ◆ Pappteller in unterschiedlichen Formen und Größen ◆ Holzstäbe ◆ Klebeband, transparent ◆ Ölpastellkreiden ◆ Prickelnadeln und Filzunterlagen ◆ verschiedene Papiere, z.B. Krepp-, Seiden- oder Motivpapier ◆ Material zum Ausgestalten wie z.B. Federn, Wolle, Pompons, Folie

Herstellung

- Auf einen Pappteller Augen-, Mund- und Nasenlöcher für die Tiermaske aufmalen.
- Diese mithilfe der Prickelnadel oder der Schere herausarbeiten.
- Den Pappteller vollflächig mit Ölpastellkreiden bemalen.
- Den Rand des Papptellers auf Wunsch in Form schneiden (z.B. Zacken einschneiden für die Löwenmähne).
- Mit den unterschiedlichen Papieren und Materialien die Tiere weiter ausgestalten – mit Haaren, Ohren, Federn etc.
- Mithilfe des transparenten Klebebandes den Holzstab an der Maske anbringen.

Auf geht's zur Dschungelparty!

© Ökotopia Verlag I N. Joiner / D. Rücker I Ruckzuck kreativ, Band 2: Mit Filz-Elch und Löwen-Maske

KATZENFAMILIE

Miau, miau – aus allen Ecken siehst du die Katzen die Pfoten strecken. Sie putzen ihr Fell, sie jagen sich gegenseitig, rollen über den Teppich und fahren ihre Krallen aus.

Material: ◆ Anschauungsmaterial über Katzen ◆ Malerabdeckfolie ◆ Schulton ◆ Schneidedraht zum Tonabschneiden ◆ Trockenbrett (unbeschichtetes Holz) ◆ evtl. flüssige Engoben (Keramikfarben) ◆ evtl. Pinsel ◆ evtl. Becher

Vorbereitung

Die Kinder schauen sich gemeinsam mit der Spielleitung das Anschauungsmaterial über Katzen an und studieren dabei vor allem die Körperform und Proportionen.

In einem Mimikspiel führen sie sich dann gegenseitig katzenartige Bewegungen vor, z.B., wie sich die Katze putzt, sich anschleicht, etwas fängt, schmust, etwas trinkt oder frisst. Die anderen erraten die Bewegungen.

Herstellung

- Aus Schulton die Beobachtungen und Körpererfahrungen (s. Vorbereitung) plastisch umsetzen.
- Die fertige, noch feuchte Figur evtl. noch mit Engoben bemalen.
- Die Tonfiguren auf dem Trockenbrett gut trocknen lassen.

Hinweis: Ungebrannter Ton ist sehr bröselig; die Katzen deshalb anschließend in einem Schrühbrand bei 900 °C brennen.

© Ökotopia Verlag I N. Joiner / D. Rücker I Ruckzuck kreativ, Band 2: Mit Filz-Elch und Löwen-Maske

ELCH OLAF

In Norwegen wurde Elch Olaf beobachtet, wie er mit einer roten Nase durch den Wald stapfte. Ob er einen Schnupfen hat? Elche leben z.B. auch in Schweden, Finnland oder Alaska.

Material: ◆ Elchausstechform mit Ständerform ◆ Filzunterlage in passender Größe ◆ Rohwollereste zum Trockenfilzen in Braun, Weiß, Rot, Schwarz, Grün, Blau ◆ Filznadeln in drei Stärken ◆ evtl. bunte Pompons

Herstellung

- Die Elchausstechform auf die Filzunterlage legen.
- Aus der braunen Rohwolle vorsichtig kleine Flocken zupfen und damit die Ausstechform bis zum Rand gut füllen.
- Mit der groben Filznadel mit dem Filzen beginnen – dazu immer wieder tief in die Wollfaserschicht stechen, bis sich diese etwas gefestigt hat.
- Das Filzstück vorsichtig von der Unterlage lösen, umdrehen, die Ausstechform wieder motivgerecht darüber stülpen und mit der gleichen Nadel weiter filzen.
- Die letzten beiden Schritte mit der mittleren und der feinen Nadel wiederholen.
- Mit kleinen Wollfetzen in Weiß, Rot, Schwarz oder Blau und der mittleren Filznadel den Elch ausgestalten: Augen, Nase und Geweih auffilzen.
- Die Ständerform aus grüner Rohwolle auf die gleiche Weise herstellen.
- Elch und Ständer zusammenstecken.

Hinweis: Mit kleineren Kindern können Augen und Nase auch mithilfe von zwei blauen und einem roten Pompon gestaltet werden.

© Ökotopia Verlag I N. Joiner / D. Rücker I Ruckzuck kreativ, Band 2: Mit Filz-Elch und Löwen-Maske

WACKEL-EIDECHSE

Kaum wärmen am Morgen die ersten Sonnenstrahlen die Mauersteine auf, schon kommen die Eidechsen aus ihren Verstecken gekrochen und wärmen sich auf.

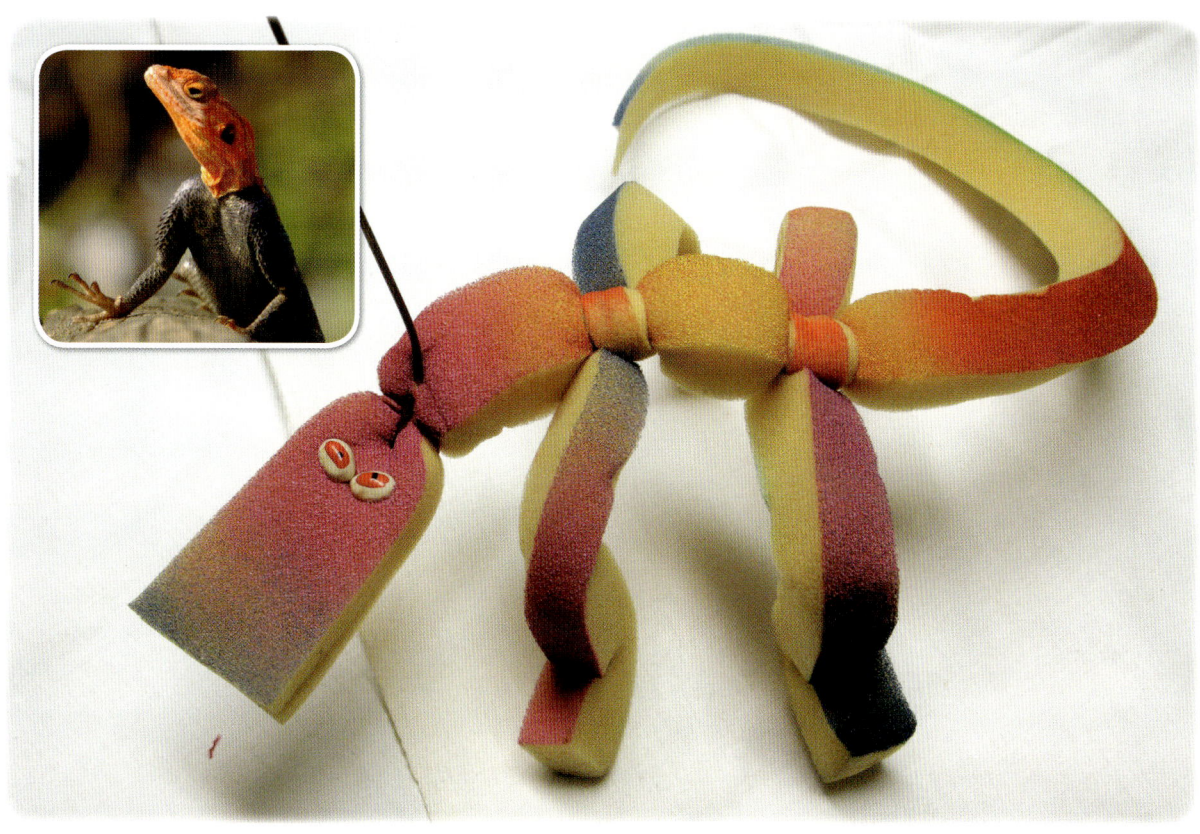

Material: ◆ Bildmaterial von Eidechsen ◆ Schaumstoffstreifen mit und ohne Noppen ◆ Filzstifte ◆ Metalldrähte ◆ Haushaltsgummis ◆ flüssige Gouachefarben ◆ Haushaltsschwämme ◆ Pappteller ◆ Bohnen ◆ Tonpapier in Rot ◆ Zange

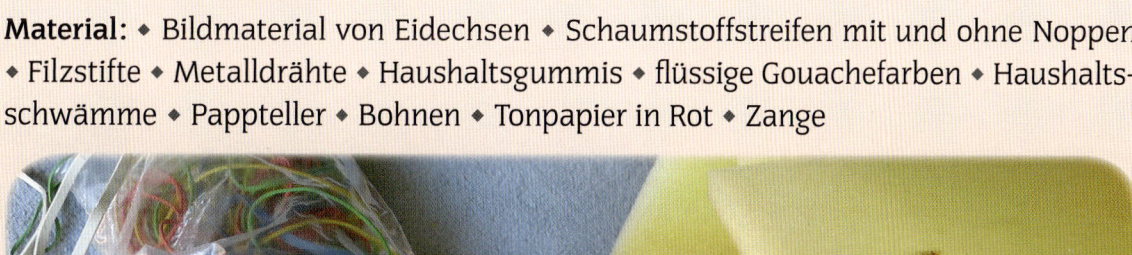

Vorbereitung

Die Kinder betrachten gemeinsam mit der Leitung Fotos von Eidechsen.
Damit sie später ihre Eidechse bunt anmalen können, schneiden sie aus den Haushalts-
schwämmen kleine Stücke zu.

Herstellung

- Den Schaumstoff in unterschiedlich breite und lange Streifen schneiden (1 × ca. 40 cm lang und 6 cm breit, 2 × ca. 30 cm lang und 3 cm breit). Ein Ende des Noppen-Schaumstoffstreifens für den Schwanz dünn zulaufend zurechtschneiden.
- Am dicken Kopfende für das Maul quer einen ca. 4 cm tiefen Schlitz einschneiden.
- Die zwei kleineren Schaumstoffstreifen als Beinpaare jeweils auf einen kurzen Metalldraht auffädeln. Überstehende Enden mit der Zange abzwicken.
- Mit einem Haushaltsgummi vorne am Körper den Kopf abbinden.
- Mit etwas Abstand ein Beinpaar im rechten Winkel mittig darüberlegen und mit einem Haushaltsgummi fixieren. Mit dem zweiten Beinpaar ein Stück weiter hinten am Körper ebenso verfahren.
- Mithilfe der kleinen Haushaltsschwammstücke die Echse mit den flüssigen Gouachefarben farbig betupfen.
- Den langen Metallstab als Führungsstab an der Echse anbringen: dazu wegen der Verletzungsgefahr ein Ende mit der Zange zu einer Öse biegen; die andere Seite leicht rund biegen und in den Kopfteil der Wackeleidechse stecken.
- Die Bohnen als Augen aufkleben. Eine rote Tonpapierzunge in das Maul der Echse einkleben.

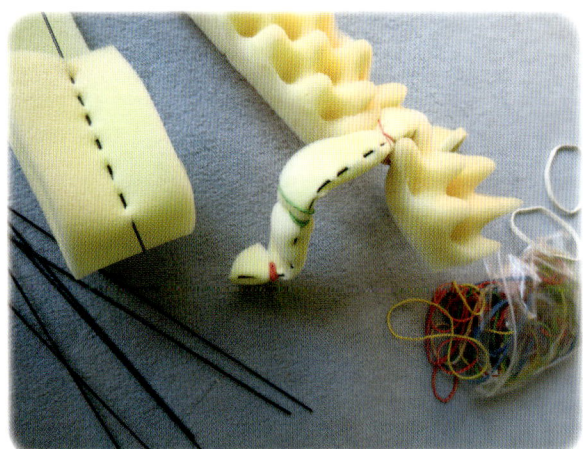 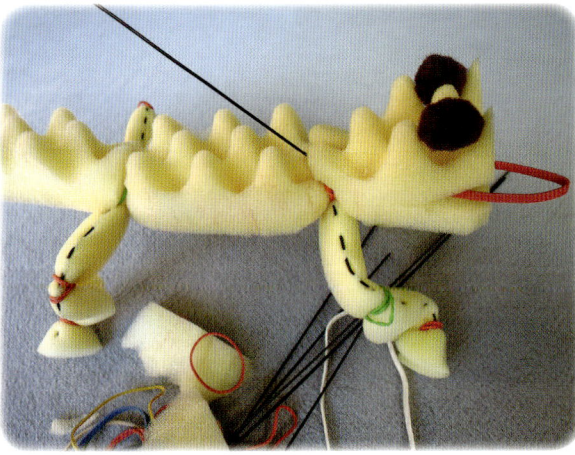

Seht doch, wie die Wackeleidechse davonwackelt!

© Ökotopia Verlag I N. Joiner / D. Rücker I Ruckzuck kreativ, Band 2: Mit Filz-Elch und Löwen-Maske

AUF ELEFANTENPIRSCH

Trööt, töröö! – dort vorne am Wasserloch sind die Elefanten und entlang des trockenen Fluss-bettes kommen sogar noch mehr. Wer hat Lust, diese imposanten Tiere auf Papier zu bannen?

Material: ◆ frische Bambusstängel ◆ Gartenschere ◆ Cutter und Schneideunterlage ◆ Zeichenpapier, DIN A3 ◆ Tusche in Schwarz ◆ Aquarellmalstifte ◆ Pinsel ◆ Wasserschälchen

Vorbereitung

Die Leitung schneidet die Bambusstängel mit der Gartenschere in stiftgroße Stücke. Sie schrägt ein Ende der Stücke mit dem Cutter an. Die dabei entstandene Spitze 1 cm tief spalten. Unterschiedlich breite Spitzen entstehen durch entsprechendes Kappen der Spitzen.

Herstellung

- Die selbst hergestellte Zeichenfeder in Tusche tauchen und auf dem Zeichenpapier einen Umriss eines Elefanten nach dem anderen zeichnen, so lange, bis das Blatt mit einer ganzen Herde gefüllt ist.
- Mit Aquarellmalstiften die Flächen zunächst in passenden Farbtönen grob ausmalen, danach diese Stellen mit einem in Wasser getauchten Pinsel vermalen.

Seht ihr dort die große Elefantenherde am Wasser? Große Elefanten, kleine Elefanten, dicke Elefanten – eine ganze Herde. Sie stapfen hintereinander durch den Sand, wackeln mit ihren großen Ohren, schwingen ihren Rüssel durch die Luft, manche stupsen sich übermütig mit dem Kopf, andere zupfen nebenbei ein paar Blätter aus den Bäumen am Rande des Flussbettes.

SCHNECKENGARTEN

In einer Obstkiste aus Span lässt sich ein Schneckengarten als Spiellandschaft gestalten. Eine Wasserstelle sollte dabei nicht fehlen, denn Schnecken lieben es bekanntlich feucht.

Material: ◆ Malerabdeckfolie ◆ kleine Obstkisten aus Spanholz ◆ Zeitungspapier ◆ Tapetenkleister ◆ Sand ◆ flüssige Gouachefarben in Grundfarben ◆ dicke Pinsel ◆ Plastikbecher ◆ Naturmaterialien ◆ Schulton in Weiß

Vorbereitung

Gemeinsam mit der Leitung gehen die Kinder in die Natur und machen sich auf die Suche nach Schnecken. Wer kann sie entdecken?

Herstellung

- Den Boden einer Obstkiste mit zuvor eingekleisterter Zeitung zu einer Landschaft ausmodellieren.
- Die so entstandene Gartenoberfläche noch einmal gut mit Tapetenkleister einkleistern und mit Sand bestreuen.
- Die Kiste über Nacht trocknen lassen.
- Die Landschaft in einem grünen und das Wasser mit einem blauen Farbton anmalen. Zum Bemalen der Kistenaußenwand eine weitere Farbe auswählen.
- Mit den unterschiedlichen Naturmaterialien, wie z.B. Rinde, Erde, Holzstücken, Moos, Steinen, Blättern, Trockenblumen, Ästen, Tannenzapfen usw. den Garten weiter ausgestalten.
- Aus Ton Schnecken und andere Gartenbewohner modellieren.

 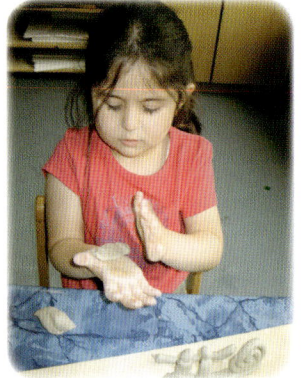 

© Ökotopia Verlag I N. Joiner / D. Rücker I Ruckzuck kreativ, Band 2: Mit Filz-Elch und Löwen-Maske

KROKODIL AM NIL

Hier wird gezeigt, wie aus einer langweiligen PET-Flasche ein lustig-buntes Krokodil entsteht. Aber keine Angst vor großen Mäulern – diese Flaschenkrokodile fressen keine Kinder.

Material: ◆ Anschauungsmaterial zu Krokodilen ◆ PET-Flaschen ◆ Krepppapier in verschiedenen Farben ◆ Schwämme in verschiedenen Farben und Formen ◆ Pfeifenputzer ◆ Schwammtücher ◆ Moosgummi ◆ Wattekugeln ◆ Filzstifte in Schwarz ◆ Heißklebepistole mit Munition

Vorbereitung

Die Kinder betrachten gemeinsam mit der Leitung Fotos von Krokodilen und sprechen über ihre besonderen Körpermerkmale.

Herstellung

- ◆ Eine Plastikflasche beliebig mit Krepppapierschnipseln befüllen und zuschrauben.
- ◆ Zwei Schwämme auswählen und mithilfe eines Pfeifenputzers als Maul an den Flaschenhals binden.
- ◆ Aus Schwammtüchern oder Moosgummi Krokodilbeine zuschneiden und an den Bauch der Flasche kleben.
- ◆ Aus weiteren Schwämmen kleine Stücke zuschneiden und z. B. als Schuppen auf die Flasche auf- oder als Zähne und Zunge in das Maul kleben
- ◆ Auf die Wattekugeln mit dem schwarzen Filzstift Pupillen aufmalen und als Augen vorne an das Maul kleben.

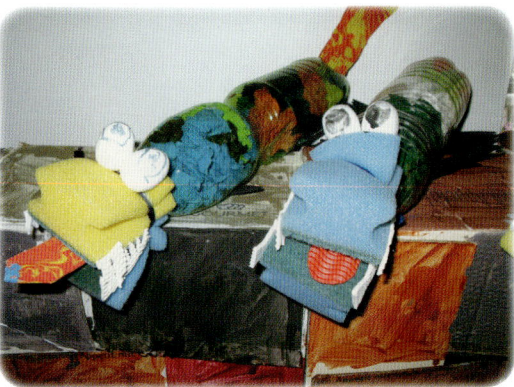

Am Montag trifft Herr Krokodil
Frau Krokodil zum Tee am Nil,
sie freuen sich sehr über ihr Treffen,
zum Tee gibt's Honigbrot zu fressen.
© Nicole Joiner

© Ökotopia Verlag I N. Joiner / D. Rücker I Ruckzuck kreativ, Band 2: Mit Filz-Elch und Löwen-Maske

TIERISCHER ZWILLING

Nicht jedes Tier hat nur eine bestimmte Farbe. Das Chamäleon passt sich dem Untergrund, auf dem es sitzt und seinem Umfeld an oder bringt seine Stimmung farblich zum Ausdruck!

Material: ◆ Anschauungsmaterial zum Thema „Chamäleons" ◆ Fasermalstifte ◆ saugfähiges Papier ◆ selbst gezeichnete Kopiervorlage „Chamäleon"

Vorbereitung

Die Leitung betrachtet gemeinsam mit den Kindern Fotomaterial zu Chamäleons. Sie sprechen über die besondere Gabe von Chamäleons, sich mit ihrer Hautfarbe ihrer Umgebung anzupassen.

Jedes Kind überlegt nun: Wie müsste mein Chamäleon aussehen, wenn es heute auf meinem Arm oder meinem Bein sitzen würde?

Herstellung

Die Kopiervorlagen mit Fasermalstiften passend zu den Kleidungsstücken der Kinder bemalen, abhängig davon, wo es sitzen würde.

© Ökotopia Verlag I N. Joiner / D. Rücker I Ruckzuck kreativ, Band 2: Mit Filz-Elch und Löwen-Maske

SCHLANGE KUNTERBUNT

Diese Schlange wird beidseitig gestaltet. So kann sie sich nicht nur an der Wand entlangschlängeln, sondern z.B. auch an einer Fensterscheibe oder frei im Raum.

Material: ◆ Anschauungsmaterial zum Thema „Schlangen" ◆ Wellpappestücke (Verpackungsabfall) ◆ evtl. Pappstücke als Schablonen ◆ Ölpastellkreiden ◆ Cutter und Schneideunterlage ◆ Tacker und Munition

Vorbereitung

Anhand von Büchern und Fotos Schlangen studieren und den Schlangenvers (s. unten) hören. Die Leitung fertigt bei Bedarf Schablonen für die einzelnen Schlangenkörperteile an.

Herstellung

- Frei Hand oder mithilfe der bereitgestellten Schablonen aus Wellpappe die Schlangen-Körperteile anfertigen – einen Schlangenkopf, viele Schlangenglieder und einen Schlangenschwanz.
- Die verschiedenen Körperteile der Schlange mit Ölpastellkreiden beidseitig mit fantasievollen Mustern und bunten Farben bemalen.
- Alle fertigen Teile zu einer gemeinsamen Schlange legen und zusammentackern.

Wer schlängelt sich denn da entlang?
Es ist eine Schlange an der Wand.

Kriechen die nicht auf dem Boden?
Oder ist das voll gelogen?

Sicher – ihr habt ja alle Recht -
diese Schlange ist nicht echt!

© Dagmar Rücker

© Ökotopia Verlag I N. Joiner / D. Rücker I Ruckzuck kreativ, Band 2: Mit Filz-Elch und Löwen-Maske

RITA REGENWURM

Wenn Rita Regenwurm morgens aufsteht und sich aus ihrem Erdloch schlängelt, braucht sie sehr lange, bis sie ihren bunten Schlafanzug ausgezogen hat – eine tolle Gruppenarbeit!

Material: ◆ eine Rolle Makulaturpapier ◆ Kreppklebeband ◆ Wachsmalkreiden
◆ flüssige Temperafarben

Herstellung

- Mehrere Tische zu einer langen Reihe aneinanderschieben.
- Das Makulaturpapier darüber ausrollen und mit Kreppklebeband befestigen.
- Mit Wachsmalkreiden die Umrisse des Regenwurms auf die Makulaturpapierbahn aufzeichnen.
- Mit flüssigen Temperafarben die Regenwurmdame in ihrem Schlafanzug kunterbunt ausmalen.
- Nach dem Trocknen die Augen und weitere Feinheiten aufmalen.
- Auf Wunsch die Konturen mit schwarzer Temperafarbe nachziehen.

Guten Morgen, Rita!

AUF DEM BAUERNHOF

Gestern Nachmittag sind Bauer Bruno Beckenbach alle Tiere davongelaufen. Er vermisst, Kühe, Schafe, Schweine, Hühner, Hund und Katze. Wer hilft ihm, seine Tiere wieder einzufangen?

Material: ◆ Tonpapier in Grün ◆ flüssige Temperafarben ◆ Haarpinsel

Herstellung

◆ Mit einer oder mehreren flüssigen Temperafarben eine Hand vollständig bemalen, dabei die Farbe dick auftragen.

◆ Die bemalte Hand auf ein grünes Tonpapier aufdrücken und langsam wieder ablösen.

◆ Bei Farbresten auf der Hand einen zweiten Handaufdruck auf das gleiche oder ein neues Papier drücken.

◆ Nach dem Trocknen den Abdruck der Hände mit flüssiger Temperafarbe zu einem Tier ausgestalten.

Heute sollen Kinderhände,
manchmal noch so klein,
mit bunten Farben angepinselt,
lauter lustig' Tiere sein.

© Nicole Joiner

© Ökotopia Verlag I N. Joiner / D. Rücker I Ruckzuck kreativ, Band 2: Mit Filz-Elch und Löwen-Maske

IN DER KÄFERSCHULE

Welch' buntes Treiben herrscht heute auf der Käferwiese! Heute ist nämlich der erste Schultag in der Käferschule und alle Käfer-Schüler sind schon wahnsinnig aufgeregt!

Material: ◆ PET-Flaschen, transparent ◆ Haushaltsschwämme ◆ Schaumstoff ◆ Pompons ◆ Pfeifenputzer ◆ Permanentmarker

Herstellung

- Einen der Haushaltsschwämme zu einem Kopf zuschneiden und oben in den Flaschenhals kleben.
- Aus den Resten des Schwammes und Schaumstoff Körperteile wie z.B. Flügel schneiden und ankleben.
- Pfeifenputzer als Fühler in den Kopf stecken und mit Kleber fixieren.
- Mit bunten Pompons Augen, Nasen und Körperschmuck aufkleben.
- Mit einem Permanentmarker z.B. Mund, Nase oder Körpermuster aufzeichnen.

Fliegt Käfer, fliegt!

SPIRELLI

Tief im Tümpel der Fantasie tummelt sich Familie Spirelli, eine Gattung der noch nicht erforschten Regenbogenaale. Ihr einzigartiges Schuppenkleid glitzert in den schillerndsten Farben.

Material: ◆ Papier in Weiß, saugfähig ◆ Kreppklebeband ◆ Ölpastellkreiden
◆ Wasserfarben

Herstellung

- Mit Kreppklebeband das weiße, saugfähige Papier rundherum auf einer Unterlage festkleben.
- Mit dunkler Ölpastellkreide die Konturen des geringelten Aals zeichnen.
- Mit Ölpastellkreiden den gesamten „Spirelli" ausmalen.
- Das Papier vollflächig mit Wasserfarbe übermalen
- Nach dem Trocknen von der Unterlage abziehen.

Pssssst! Schaut genau hin! Spirelli hat sich zum Schlafen zusammengerollt.

© Ökotopia Verlag I N. Joiner / D. Rücker I Ruckzuck kreativ, Band 2: Mit Filz-Elch und Löwen-Maske

AUF DER WÄSCHELEINE

Huch – welche neugierigen Schafe sind denn da in die Waschmaschine geraten? Ihr Fell trieft vor Nässe und Seifenschaum. – Zum Trocknen müssen alle auf die Wäscheleine!

Material: ◆ Wachsmalkreiden ◆ Tonpapier in Grüntönen ◆ Zeichenpapier, DIN A4 ◆ Märchenwolle ◆ Wäscheklammern ◆ Wäscheleine oder Schnur

Herstellung

- Kugeln aus Märchenwolle formen und als Schafskörper auf das Tonpapier kleben.
- Mit den Wachsmalkreiden Kopf und Gliedmaßen der Tiere gestalten.
- Aus Märchenwolle z.B. Futter formen und aufkleben.
- Mit Wäscheklammern die Schafe auf die Wäscheleine hängen.

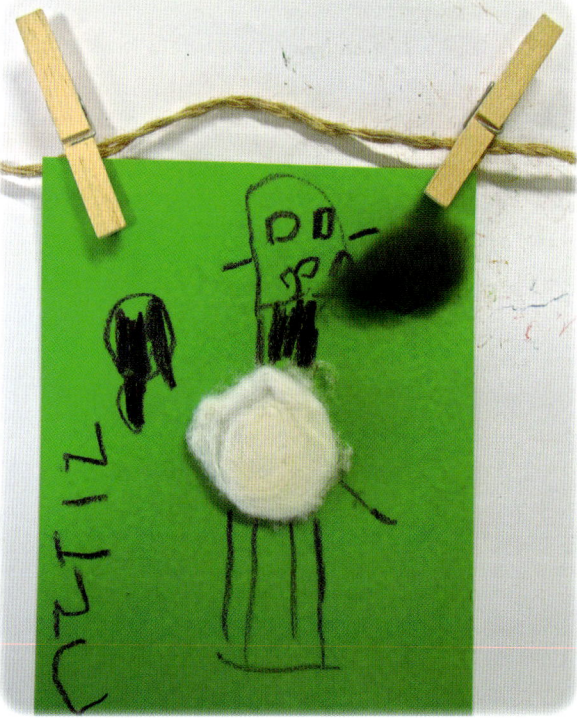

„Glück gehabt!", ruft das kleine Schaf und streckt sein Fell der Sonne entgegen.

© Ökotopia Verlag I N. Joiner / D. Rücker I Ruckzuck kreativ, Band 2: Mit Filz-Elch und Löwen-Maske

INHALT

Literaturhinweise

Carle, E.: Die kleine Spinne spinnt und schweigt. Hildesheim (Gerstenberg Verlag) 1995.

Dörrie, D., Kaergel J.: Lotte in New York. Ravensburg. (Ravensburger) 1999.

Lionni, L.: Cornelius. Weinheim (Beltz & Gelberg Verlag) 2012.

Die Autorinnen

Nicole Joiner ist Erzieherin und Bildungsmanagerin (KH, Freiburg). Sie gestaltet und leitet seit 1998 regelmäßig kunstpädagogische Kurse und Projekte für Kinder und Jugendliche und ist Leiterin eines Kinderhauses. Sie lebt mit ihrem Mann und ihren beiden Söhnen in Mannheim.

Dagmar Rücker, Künstlerin und Dozentin, studierte von 1988–1992 an der „Freien Kunstakademie Mannheim" Bildende Kunst. Für ihre künstlerische Arbeit wurde sie mehrfach ausgezeichnet. Seit ihrem Studium gestaltet und leitet sie regelmäßig Kurse und Projekte für Kinder, Jugendliche und Erwachsene in verschiedenen Einrichtungen. Sie lebt und arbeitet in Mannheim.

Die beiden Autorinnen publizieren gemeinsam kunstpädagogisches Material für den Elementar- und Grundschulbereich.

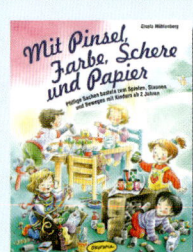